Gafi et le magicien

Arturo Blum • Mérel

Nathan

Rachid le timide
Mélanie la chipie
Pacha le chat
Pascale la géniale
Arthur le gros dur
Es-tu prêt pour une nouvelle aventure ? Eh bien, commençons !
Ah, j'y pense ! les mots suivis d'un ☼ sont expliqués à la fin de l'histoire.

- 1 -

Gafi, Mélanie et Pacha sont au cirque. Titus, le plus grand de tous les magiciens, entre sur la piste.

Titus commence son numéro.
Des foulards, un lapin
et une colombe sortent
de son chapeau magique !

Tout à coup, Pacha bondit
sur la piste.
Il veut attraper l'oiseau.
– Reviens ! crie Mélanie.

Vais-je
attraper l'oiseau ?

Vite, la colombe saute
dans le chapeau de Titus...

... et Pacha la suit !

– Il faut aller le chercher ! dit Gafi.

Mélanie et Gafi bondissent
sur la piste, et ils sautent
à leur tour dans le chapeau
de Titus !

Ils tombent dans le chapeau
en criant :
« Ahhhh ! » Comme c'est profond !
Au secours, Mélanie va s'écraser !

Tu veux connaître
la suite de l'histoire ?
Alors, suis-moi...

- 2 -

Ouf, Gafi rattrape Mélanie,
et il fait le parachute !

Mélanie et Gafi se posent en douceur.

– Mais c'est un vrai château hanté,
ce chapeau de magicien ! dit Mélanie.

– Voilà Pacha ! s'écrie Gafi.

Vite, il entraîne Mélanie dans un dédale de couloirs et d'escaliers…

Soudain, il y a de la lumière en haut d'un escalier ! La colombe ressort...
Suivie de Pacha...
De Gafi...
Et de Mélanie !

Où mène cet escalier ?

Ça alors ? Ils sont ressortis
par un autre chapeau !
Le chapeau d'une spectatrice !

La colombe, Pacha, Gafi
et Mélanie sont applaudis
par la foule.
Ils se regardent, étonnés.

À côté d'eux, Titus sourit.
C'est vraiment le plus grand
de tous les magiciens !

c'est fini !

Numéro : le numéro d'un artiste, c'est le petit spectacle qu'il donne à l'intérieur d'un plus grand spectacle.

Bondir : s'élever tout d'un coup en l'air, en sautant.

Dédale : lieu où on risque de se perdre.

Étonné : être étonné, c'est être très surpris.

Abracadabra !

Trouve les animaux que Titus a sortis de son chapeau. Ils sont cachés dans l'image.

Réponse : les animaux cachés sont le lapin, le chat, la souris et la colombe.

Disparus...

Devine les mots que Titus a fait disparaître, puis vérifie, en cherchant dans ton livre, la page qui correspond.

Mélanie et Gafi ....
sur la ...., et ils sautent
à leur tour dans le ....
de Titus !

Réponse : les mots sont « bondissent », « piste » et « chapeau ». Il s'agit de la page 11.

Aaaaaaaahhh !!

Aide Gafi et Mélanie à trouver le bon chemin pour sortir du labyrinthe.

Ramasse les lettres sur leur passage et tu formeras un mot. Lequel ?

Réponse : le bon chemin est le chemin n°4. Le mot à trouver est le mot **MAGIE**.

Dans la même collection

Illustrée par Mérel

Je commence à lire

1- *Qui a fait le coup ?* Didier Jean et Zad • 2- *Quelle nuit !* Didier Lévy • 3- *Une sorcière dans la boutique*, Mymi Doinet • 4- *Drôle de marché !* Ann Rocard • 15- *Bon anniversaire, Gafi !* Arturo Blum • 16- *La fête de la maîtresse*, Fanny Joly • 23- *Gafi et le magicien*, Arturo Blum • 24- *Le robot amoureux*, Stéphane Descornes • 29- *Une drôle de robe !* Elsa Devernois • 30- *Pagaille chez le vétérinaire !* Stéphane Descornes • 35- *Le nouvel élève*, Anne Ferrier • 36- *Le visiteur de l'espace*, Stéphane Descornes

Je lis

5- *Gafi a disparu*, Didier Lévy • 6- *Panique au cirque !* Mymi Doinet • 7- *Une séance de cinéma animée*, Ann Rocard • 8- *Un sacré charivari*, Didier Jean et Zad • 13- *Le château hanté*, Stéphane Descornes • 14- *Attention, travaux !* Françoise Bobe • 19- *Mystère et boule de neige*, Mymi Doinet • 20- *Le voleur de bonbons*, Didier Jean et Zad • 25- *Le roi de la patinoire*, Didier Lévy • 26- *Qui a mangé les crêpes ?* Anne Ferrier • 31- *Le passager mystérieux*, Françoise Bobe • 32- *Un fantôme à New York*, Didier Lévy • 37- *Des clowns à l'hôpital*, Françoise Bobe • 38- *Gafi, star de cinéma !* Didier Lévy

Je lis tout seul

9- *L'ogre qui dévore les livres*, Mymi Doinet • 10- *Un étrange voyage*, Ann Rocard • 11- *La photo de classe*, Didier Jean et Zad • 12- *Repas magique à la cantine*, Didier Lévy • 17- *La course folle*, Elsa Devernois • 18- *Sauvons Pacha !* Laurence Gillot • 21- *Bienvenue à bord !* Ann Rocard • 22- *Gafi et le chevalier Grocosto*, Didier Lévy • 27- *Qui a kidnappé la Joconde ?* Mymi doinet • 28- *Grands frissons à la ferme !* Didier Jean et Zad • 33- *Les chocolats ensorcelés*, Mymi Doinet • 34- *Au bal costumé*, Laurence Gillot • 39- *Mélanie la pirate*, Stéphane Descornes • 40- *Sous les étoiles*, Elsa Devernois

Directeur de collection et conseil pédagogique :
Alain Bentolila

Jeux conçus par Georges Rémond

Loi n°49956 du 16 juillet 1949
sur les publications destinées à la jeunesse
ISBN 978-2-09-250903-6
N° éditeur : 10167266 - Dépôt légal : février 2010
Imprimé en France par Loire Offset Titoulet à Saint-Etienne